ÉTUDE POLITIQUE.

—◦◦◦—

RÉPUBLIQUE & MONARCHIE.

PAR

HENRY BONNET.

LILLE

IMPRIMERIE L. DANEL.

—

1886

ÉTUDE POLITIQUE.

ÉTUDE POLITIQUE.

RÉPUBLIQUE & MONARCHIE.

PAR

HENRY BONNET.

LILLE

IMPRIMERIE L. DANEL.

1886

ÉTUDE POLITIQUE.

RÉPUBLIQUE ET MONARCHIE.

I

Un jour viendra, plus prochain peut-être qu'on ne le pense, où la France, désabusée par les expériences décevantes qu'ont faites, au nom de ce qu'on lui a dit être le progrès, ceux qui, depuis quelques années, dirigent ses destinées, fera un retour sur elle-même ; elle se demandera sans doute, alors, si les formules et les théories politiques dont on l'a nourrie ont produit les réalités heureuses auxquelles ces théories et ces formules semblaient devoir la conduire. Les dernières élections générales ont accusé le réveil d'un mouvement d'opinion que beaucoup de ceux-là même qui cherchaient à le provoquer n'avaient pas pressenti. Tout le monde a vu dans la manifestation qu'ont faite près de trois millions d'électeurs, un symptôme inattendu, mais significatif. L'inquiétude des uns s'est traduite par une irritation dont le respect pour le suffrage universel n'a pas étouffé l'expression, les espérances des autres par une joie un peu trop bruyante, dont il eût été plus sage de modérer les éclats. Inquiétude et espérances ont démontré que tous, au premier moment, avaient compris la gravité du symptôme. Malgré le dédain affecté que la majorité républicaine, remise de son émotion première et de ses très vives alarmes, professe aujourd'hui pour la minorité du 4 octobre, malgré les résultats du scrutin du mois de février, il est certain qu'un sentiment exprimé par près de la moitié des électeurs est bien près de devenir un sentiment national. Il ne faut pas qu'on s'y trompe, et ce n'est pas en niant l'importance de ce mouvement qu'on s'en rendra maître. Lorsqu'un courant d'opinion se produit avec une pareille généralité et une telle force, il y a bien des probabilités pour qu'on soit à l'aurore de graves modifications politiques. Quand le suffrage universel se révolte contre le gouvernement qui a sur lui tant de moyens d'action, c'est qu'il a de sérieux sujets de mécontentement et que le gouvernement a commis de lourdes fautes. Et si, quand on est au pouvoir, on peut conserver la confiance au moins apparente du pays, alors qu'on ne la mériterait plus, on la reconquiert difficilement quand on l'a perdue. L'histoire de tous les temps est là pour nous l'apprendre, et il faut que la majorité qui nous gouverne se résigne à l'entendre dire. Il y a encore une autre vérité qu'il faut reconnaître, c'est que, dans les moments de malaise et de péril social, à la veille d'une réaction ou d'une crise, le suffrage universel exprime plus exactement et plus fidèlement que dans les temps calmes, le sentiment vrai du pays et le sentiment le plus conforme aux intérêts vitaux de la nation. Les peuples, cela n'est pas contestable, ont, comme les individus, l'instinct de la conservation qui se réveille au moment où la Société est en péril, et ce jour là, cet instinct leur rend la perception nette et sûre de ce qui peut les sauver.

Il serait donc puéril de méconnaître l'importance du mouvement qui commence, mais il ne faut pas, d'autre part, en exagérer la signification. Bien que les voix recueillies par le parti conservateur se soient portées sur des hommes dont les aspirations tendent à substituer à la République un régime nouveau, il ne serait pas vrai de dire, croyons-nous, que le pays s'est prononcé contre la République en faveur de la Monarchie. La question du retour à un gouvernement monarchique n'a pas été posée devant les électeurs. Le pays se désaffectionne de la république; il commence à douter de l'excellence de ce régime, mais il n'a pas encore manifesté sa volonté de le remplacer par un autre. Toutefois, il est permis, dès aujourd'hui, de se demander quelle sera la marche et quelle sera la dernière étape du mouvement qui se dessine. Si la question du retour à un régime monarchique n'est pas encore nettement posée aujourd'hui, elle le sera un peu plus tôt ou un peu plus tard. On peut donc, sans faire une œuvre vaine, rechercher quel est, dans l'état actuel de nos institutions et de nos mœurs, le régime qui peut le mieux rendre à la France sa grandeur perdue et sa prospérité compromise, en donnant satisfaction, non aux revendications bruyantes des révoltés et des rêveurs, mais aux aspirations légitimes de la partie raisonnable du pays.

II

Avant d'examiner les mérites relatifs du régime monarchique et du régime républicain, il importe de préciser d'une manière générale quelles sont les conditions nécessaires auxquelles un gouvernement, quel qu'il soit, pour s'établir en France, est tenu de se soumettre. Il y a un point sur lequel tout le monde doit être d'accord, c'est qu'il ne saurait être question en France que d'un gouvernement démocratique. Cela ne veut pas dire que les gouvernements aristocratiques doivent être condamnés d'une manière absolue et n'aient pas leurs avantages. Dans chaque état social et aux diverses époques de la vie des nations, les nécessités se modifient et se transforment. J.-J. Rousseau, dont les théories et les préférences politiques étaient cependant très absolues, a dit lui-même : « On a de tout temps beaucoup disputé sur la meilleure forme de gouvernement sans considérer que chacune d'elles est la meilleure en certains cas, la pire en d'autres. » Ce qui, chez nous, s'impose aujourd'hui n'est pas assurément la loi nécessaire de toutes les organisations politiques, même à l'heure actuelle, et, sans sortir de l'Europe, nous pourrions trouver dans notre voisinage telles nations qui doivent leur puissance et leur grandeur à des institutions peu conformes aux principes démocratiques. Mais en France, après nos révolutions successives, la Société est constituée d'une manière définitive sur des bases démocratiques, et il n'y a pas d'exemple dans l'histoire d'un retour de l'état démocratique à l'état aristocratique. La démocratie, comme on l'a dit, coule à pleins bords, et il est des courants qu'on ne remonte pas. Chercher à modifier l'état social de notre pays serait tenter une œuvre vaine et dangereuse. Personne n'y songe sérieusement.

Peut-être eût-il mieux valu pour les destinées du pays aller un peu moins vite et secouer et jeter aux vents les cendres du passé avec moins d'emportement. Il faut, en politique, se défier des solutions radicales. La politique n'est pas une science ; surtout elle est le contraire d'une science exacte. Toute réforme dans les institutions d'un peuple comporte des tempéraments nécessaires, et il n'y a pas de tyrannie plus dangereuse que la tyrannie des formules absolues.

Quoi qu'il en soit, la démocratie est un fait et nous admettons qu'elle constitue un progrès : mais, cela posé, il importe de préciser ce qui en est l'essence, ce qui en constitue la supériorité et ce qui, au contraire, tend à en faire un régime mauvais et stérile et à en détruire les avantages. Il faut avoir le courage de le dire et la sagesse de l'entendre, ce sont les défauts et les excès de la démocratie qui la font surtout apprécier par le plus grand nombre, et, en n'acceptant de la religion démocratique que les principes salutaires, on risque fort de ne pas satisfaire ceux qui ont la prétention d'en être les apôtres et les prophètes infaillibles Un état démocratique est un état dans lequel tous les citoyens ont les mêmes droits et les mêmes devoirs, où tous sont investis d'une portion de la souveraineté qui appartient à la nation, où chacun peut prendre la place à laquelle il a droit par son travail et par son mérite, où il n'existe pas de classes privilégiées et où l'effort de tous et de chacun selon ses forces doit tendre à assurer la prospérité du pays à laquelle la prospérité de tous est liée. Le principe fondamental des institutions démocratiques, c'est l'égalité des citoyens. Mais il faut s'entendre sur le sens à donner à ce mot et ne pas se borner à l'énoncer sans l'expliquer; car ici vont apparaître le danger des formules et la mauvaise foi de ceux qui les exploitent. L'égalité que beaucoup demandent et que quelques-uns promettent, ce n'est pas l'égalité des citoyens devant la loi, c'est l'égalité des individus par la suppression de tout avantage individuel, ce n'est pas l'égalité des droits, c'est l'égalité des situations, et la formule n'est parfaite que quand l'égalité des individus est complétée par l'inégalité des devoirs. Toutes les charges sur ceux qui possèdent, tous les privilèges, toutes les immunités à ceux qui ne possèdent rien, et auxquels le travail persévérant semble un moyen trop pénible ou trop lent d'acquérir ce qu'ils convoitent. Voilà l'idéal de l'égalité! Ceux à qui on la promet sont assurément excusables de croire qu'elle leur procurera une amélioration de leur sort. Quant à ceux qui prêchent cette doctrine, leur credo politique se résume en l'article de foi que voici : la croyance à la toute-puissance des masses et la conviction que, pour gagner la confiance du peuple, il vaut mieux flatter ses appétits que servir ses intérêts.

Rien n'est plus faux est-il besoin de le dire, et rien n'est plus dangereux que cette théorie de l'égalité ainsi entendue et de la répartition des droits et des charges selon la situation des individus ; ceux qui en sont les apôtres intéressés le savent bien. Il n'y a, tous le savent à merveille, qu'une manière d'augmenter le bien-être du plus grand nombre, c'est de développer la richesse et la prospérité du pays ; et ils n'ont pas, cela paraît au moins probable, la naïveté de croire que l'application de leurs doctrines puisse aider à ce développement. Pendant qu'il en est temps encore, il faut que tous les esprits sages répudient hautement et sans faiblesse ces doctrines malfaisantes, funestes à la prospérité publique, plus funestes encore à l'avenir politique du pays qui les verrait s'établir. Si elles devaient, en France, prévaloir et être mises en pratique d'une manière régulière et définitive, c'en serait fait des destinées politiques de notre malheureux pays. Il ne tarderait pas à se voir condamné sans ressource à la perspective attristante d'osciller, jusqu'au jour de la désorganisation finale et fatale, entre le despotisme et l'anarchie. Quand donc nous disons que le gouvernement de la France, quel qu'il soit, sera nécessairement démocratique, nous désirons qu'on ne se méprenne pas sur le sens de cette déclaration ; il était utile de faire, à ce sujet, quelques réserves.

Ce caractère fondamental et nécessaire de toute constitution politique en France étant ainsi établi, quel doit être le rôle, quels sont les devoirs du gouvernement ! Il existe sur la façon de concevoir le rôle de l'Etat dans la société, des théories fort diverses; celle de l'omnipotence nécessaire des pouvoirs publics a de nombreux partisans, et, chose singulière, dans des camps très opposés. Selon ceux qui la professent, elle porte un nom différent, et sera la politique jacobine ou la politique césarienne Aux yeux de tous, les obligations du Gouvernement sont multiples, et l'énumération serait longue si l'on prétendait les indiquer toutes. Cette théorie n'est pas la nôtre, et nous déclarons de suite, sauf à la justifier tout-à-l'heure, notre préférence très résolue pour la théorie contraire d'après laquelle les devoirs de l'Etat peuvent être ainsi résumés : le Gouvernement, quel qu'il soit, doit assurer l'ordre, et doit donner en même temps au pays la plus grande somme possible de liberté ; en outre, comme les nations ne sont pas isolées, mais exposées au contact et, par suite, aux entreprises des nations voisines, le gouvernement doit veiller à l'organisation et au maintien d'une force militaire suffisante pour que le pays ait la sécurité sur ses frontières et tienne un rang honorable au milieu des puissances qui l'entourent. Le meilleur gouvernement sera celui qui remplira le mieux ces trois obligations, et ne cherchant, ni à s'en créer d'autres, ni à étendre le cercle de ses attributions, se contentera de donner au pays l'ordre, la liberté et la force.

Dire qu'un gouvernement doit garantir l'ordre, c'est énoncer une vérité universellement admise ou à peu près. L'ordre est le fondement de tout état social ; il est la condition nécessaire du développement de la richesse et de la prospérité publiques. Tous les gouvernements ont la prétention de l'assurer et s'il leur arrive d'y porter atteinte, c'est toujours avec la prétention de substituer un ordre meilleur à celui qui existait. Il faut donc préciser davantage. L'ordre assurément ne consiste pas dans l'immuabilité, et rien, au contraire, n'est plus utile que de laisser, dans une constitution politique, toujours imparfaite et perfectible, la porte ouverte au progrès. Mais on voudra bien admettre que parmi les institutions sociales, il en est au moins quelques-unes dont le maintien est essentiel à l'existence même de la Société, que toute atteinte ou toute menace contre la propriété, ou plus généralement contre les droits naturels des individus qui composent le corps social, doit être réprimée. On voudra bien reconnaître que céder à la violence, lui chercher des excuses, est la plus dangereuse des faiblesses, et que si, au nombre des devoirs du gouvernement figure celui de protéger les biens et la personne des citoyens contre les convoitises et les haines individuelles, celui de les protéger contre les convoitises et les haines collectives n'est pas moins impérieux. Cela, en vérité, ne devrait pas même avoir besoin d'être dit. Mais n'y a-t-il d'atteintes à l'ordre que celles qui se produisent par la violence ? Non pas, et il faut ajouter que tout usage du pouvoir exécutif ou législatif qui n'est pas justifié par l'intérêt public, mais qui est inspiré par des préoccupations d'intérêt personnel ou par l'esprit de parti, toute concession faite, sous l'influence de ces préoccupations, à des revendications déraisonnables ou à des doctrines dangereuses, est un désordre qui affaiblit et ébranle les bases de l'état social et qui déconsidère le régime sous lequel il se produit.

Il ne suffit pas de dire que le gouvernement doit assurer l'ordre, il faut encore chercher par quels moyens il peut et doit l'assurer. Il existe une école qui croit et professe qu'un régime absolu, fortement armé et n'ayant d'autre principe que celui de la nécessité d'une autorité presque sans contrôle, peut seul donner l'ordre. Nous ne sommes pas de cette école et nous croyons qu'une telle doctrine, si elle était aujourd'hui remise en pratique, aurait la plus fâcheuse influence sur les destinées du pays. Sans doute le despotisme peut donner pendant un temps plus ou moins long l'illusion de l'ordre et l'apparence d'une tranquillité et d'une sécurité parfaites ; il peut produire momentanément le développement de la richesse publique et donner un grand essor au commerce, à l'industrie et, par suite, à la prospérité nationale. Mais combien fragile est la tranquillité qu'il procure, combien incertaine et précaire la prospérité qu'il a développée. Que l'autorité ait une défaillance, qu'elle cesse à un jour donné, pour une raison quelconque, d'être plus forte que les passions qui la minent, et voyez le déchaînement de ces passions qu'on croyait éteintes parce qu'on en avait supprimé les manifestations. Ce déchaînement sera semblable à celui d'un fleuve dont on aurait essayé d'arrêter le cours, et qui, un instant contenu, romprait brusquement toutes les digues, et, en emportant les débris dans sa course furieuse, s'en servirait comme d'une arme pour détruire les quais construits sur ses rives et destinés à lui donner un cours paisible et à le maintenir dans sa voie.

Nous sommes de ceux qui pensent que le despotisme est un régime mauvais, contraire au progrès, à la dignité humaine, au développement des bonnes mœurs politiques, aussi funeste pour les nations qui l'acceptent que les excès de la démagogie. Le grand malheur de ce pays est d'avoir, après les désordres de la révolution, trouvé dans le despotisme le remède aux maux dont il avait souffert. Les gloires de l'empire, l'épopée glorieuse dont le souvenir fait tressaillir l'orgueil national, la grande œuvre de réorganisation législative à laquelle le nom de Napoléon demeurera toujours attaché, méritent assurément l'admiration de tous et ont pu provoquer l'enthousiasme. Mais n'est-il pas vrai de dire que l'empire n'a pas donné à la France les biens, moins brillants, mais durables, que la restauration de la monarchie traditionnelle sur des bases modifiées lui eût probablement procurés. L'empire a été pour le pays, lassé des agitations et des violences, le remède à un mal ; mais

certains remèdes sont aussi dangereux que les maux qu'ils
paraissent guérir ; s'ils suppriment momentanément le mal,
c'est au prix d'une altération de l'organisme, et ils entraî-
nent une mort lente après un bien passager. Le Césarisme
a produit sur notre pays l'effet de ces remèdes, et c'est à
l'expérience qu'elle en a faite, plus peut-être qu'à la révolution elle-même, que la France doit l'instabilité désespé-
rante de ses institutions.

Pour qu'un gouvernement assure un ordre durable,
garantisse une prospérité non éphémère et des institutions
stables, il faut qu'il soit en état de résister à l'épreuve de
la liberté. Sans liberté, d'ailleurs, pas d'ordre véritable, car
l'oppression ne pouvant résulter que d'un abus de l'autorité
souveraine est une forme du désordre. Le gouvernement
doit donc donner la liberté. Mais il importe de préciser
comment il faut entendre ce mot de liberté. Le mot, en
effet, est dans toutes les bouches, mais combien diverse-
ment est comprise la chose qu'il exprime. La liberté qu'il
faut souhaiter, c'est la liberté la plus large, loyalement
accordée aux adversaires aussi bien qu'aux amis, n'ayant
pour limite que l'obligation absolue et rigoureuse imposée à
tous de respecter la loi et le droit d'autrui. Mais cette limite,
il faut que sous aucun prétexte elle ne puisse être franchie
impunément. L'obligation de respecter les lois de droit
commun est le correctif indispensable de la liberté, et plus
une constitution politique est libérale, plus le gouvernement
doit veiller avec rigueur à ce que les lois soient appliquées
sans relâchement ni faiblesse.

Il ne faut pas se dissimuler que, même ainsi limitée, la
liberté permettra des violences de langage qu'il faudra
tolérer et des excès parfois inquiétants. Aussi a-t-elle des
adversaires, et, parmi ceux-là même qui se disent libéraux,
il en est beaucoup qui n'hésitent pas à la supprimer quand
elle les trouble ou les gêne. Un gouvernement ferme et

fort verra sans s'émouvoir les excès de la liberté. Il se dira
que dans l'organisme politique la liberté remplit l'office
d'une soupape de sûreté dans une machine à vapeur. Quand
la vapeur trop comprimée s'échappe avec force de la chaudière qui la renferme, elle produit quelquefois un fracas
effrayant ; le mécanicien expérimenté ne s'en émeut point ;
il serait inquiet, au contraire, si la machine était muette,
car il pourrait craindre que, sous la pression de la vapeur
indéfiniment accumulée, la chaudière ne vînt tout à coup à
éclater. Ainsi un gouvernement, sous un régime de liberté,
devra considérer le tumulte des passions bouillonnantes ; il
l'observera sans frayeur, étudiera, grâce à leurs manifestations extérieures, ces passions qui s'agitent et en mesu-
rera la force ; il prendra des mesures pour prévenir toute
explosion grave, et il pensera que les attaques bruyantes
sont moins dangereuses que les sourdes menées et les silen-
cieuses révoltes.

L'espèce d'ordre qui règne dans une nation muette fait
penser à la tranquillité des pays conquis dont parle Tacite :
« *Ubi solitudinem faciunt, pacem appellant.* »

Il était nécessaire de définir ou plutôt d'indiquer, par
les traits essentiels, ce que doit être un gouvernement pour
être viable et pour être en harmonie avec le progrès ou, si
l'on veut, l'état de nos mœurs politiques, le développement
de notre civilisation et le courant des idées démocratiques
auquel il serait vain de vouloir résister. Il fallait en même
temps éviter une définition trop précise et ne donner que
des indications assez générales et assez compréhensives
pour n'impliquer à priori la supériorité d'aucun régime. On
voudra bien reconnaître que nous n'avons jusqu'ici marqué
de préférence que pour un système de gouvernement pouvant se concilier également avec la forme républicaine et la
forme monarchique, à la seule condition que la république
soit conservatrice et libérale, et que la monarchie soit une

monarchie constitutionnelle et parlementaire. Si donc nous arrivons à conclure qu'entre ces deux formes de gouvernement il en est une qui devrait être préférée, nous espérons ne pas mériter le reproche d'être arrivé de parti pris et par induction à une conclusion par cela même suspecte et contestable ; nous n'entendons la proposer que si nous sommes conduits par l'analyse des tendances de l'un et de l'autre régime et l'observation des faits, à penser que l'un des deux se prête mieux que l'autre au fonctionnement régulier d'institutions à la fois démocratiques, conservatrices, c'est-à-dire assurant le maintien de l'ordre, et libérales.

III

Théoriquement, il n'est pas contestable que la république est de toutes les formes de gouvernement celle qui semble se prêter le mieux à l'établissement d'un régime politique démocratique libéral et ne s'inspirant que de l'intérêt public. Sous la république, le principe de l'égalité sera respecté jusque dans la personne du chef de l'Etat, dont les fonctions sont électives et temporaires. Sous ce régime, pas d'intérêts dynastiques pouvant être en opposition avec l'intérêt public, par conséquent pas de lutte entre les partisans du progrès et ceux qui, par attachement au souverain et crainte de lui créer des difficultés, résistent à tout remaniement constitutionnel important; pas de principe sur la meilleure manière de comprendre et de servir l'intérêt public, pas de traditions politiques pouvant créer un antagonisme entre le besoin de les maintenir et l'utilité de les modifier pour répondre à des nécessités nouvelles. En résumé le régime républicain est plus souple que tout autre, se prête plus facilement aux réformes et peut subir les altérations les plus profondes sans que la forme au moins nominale du gouvernement soit modifiée ou menacée de se voir détruite. Au point de vue de la

politique extérieure, le gouvernement républicain sera plus
indépendant qu'un gouvernement monarchique ; il n'aura ni
affinités inspirées par la sympathie, ni attaches avec telle ou
telle famille régnante : dans le choix des alliances à créer
ou à rompre, il n'aura donc à se préoccuper que de l'intérêt
du pays et des nécessités de l'heure présente.

Malheureusement, les considérations théoriques sont fé-
condes en déceptions et les heureuses perspectives qu'elles
ouvrent se transforment souvent en des réalités infiniment
moins satisfaisantes. Il serait à souhaiter qu'on fût plus généralement pénétré de cette idée qu'en politique, comme d'ailleurs
en beaucoup d'autres choses, le mieux théorique est l'en-
nemi le plus dangereux du bien réel. Moins on s'attache aux
formules absolues, plus on a de chances de trouver des solutions justes. Toutes les conceptions politiques qui ne s'inspirent que de principes a priori sont le plus souvent des
utopies périlleuses et ne peuvent servir de bases qu'à des
déclamations stériles. La recherche de ce qui est utile, telle
doit être la préoccupation de l'homme d'État. L'utile est le
guide le plus sûr ; il doit être la loi suprême et le criterium
souverain. Si cette vérité simple était plus généralement
comprise, bien des erreurs seraient évitées, bien des idées
fausses ne se seraient pas répandues.

Il est très vrai que sous la république on ne voit pas
le principe de l'égalité violé par l'attribution des fonctions
souveraines à une famille dont les membres se trouvent pla-
cés, par le seul fait de leur naissance, au-dessus de leurs
concitoyens ; spectacle bien fait pour attrister les fervents de la religion démocratique. Nous avouons n'être pas
de ceux que révolterait un pareil spectacle. Nous venons de
le dire, et il faut le répéter encore, les principes ne sont
bons et ne doivent être respectés que dans la mesure où ils
sont salutaires, et ils ne le sont qu'à la condition de pouvoir
souffrir des restrictions, si ces restrictions sont utiles et peu-

2

vent procurer un bien. Or, une constitution qui met la
dignité du chef de l'Etat au-dessus des compétitions ambi-
tieuses détruit une cause de désordre et supprime un danger.
Que de rivalités nuisibles au bien public, que de flatteries à
des passions qu'il faudrait combattre, que de concessions,
que d'actes de faiblesse dont le mobile unique est l'aspira-
tion vers la magistrature souveraine et le désir de conserver
des chances d'en être investi. Quel est le premier ministre
d'un jour ou d'une heure qui ne rêve de s'asseoir dans le
fauteuil présidentiel, pour y jouir, selon son tempérament,
d'un repos enviable, trouvé dans l'irresponsabilité et l'indifférence aux destinées de son pays ou d'un pouvoir effectif
s'exerçant à l'abri de toute contradiction et de tout contrôle. L'ambition politique, source de la plupart des maux
dont souffrent les États, cause unique de tous les abus de
pouvoir et de toutes les défaillances, ne manquera jamais
d'aliments. Une constitution qui enlève aux ambitieux l'objet
des suprêmes convoitises, donne au pays l'espérance que
l'intérêt public sera moins souvent sacrifié à des préoccupations d'intérêt personnel.

A un autre point de vue, la nomination du chef de l'Etat
par des élections périodiques présente des inconvénients et
peut constituer un danger. Les fonctions du Président d'une
république ou du Souverain d'une monarchie parlementaire,
quelque bien définies qu'elles puissent être par la constitution, sont, dans la pratique, éminemment délicates. Pour les
remplir, il faut se garder aussi bien d'une indifférence absolue et systématique que d'une ingérence perpétuelle et
abusive qui entraverait l'indépendance des parlements et la
liberté d'appréciation du ministère responsable. Si le chef de
l'Etat exerce et doit exercer une action sur la politique de
son pays, c'est au moyen d'une influence et d'une autorité
purement morales qu'aucun pouvoir effectif ne lui permet
d'imposer. Un tel rôle exige chez celui qui en est investi, ou

des traditions d'après lesquelles il règlera sa conduite, ou, à défaut de traditions, un tact très fin et un sens très juste de la limite de l'intervention légitime et en même temps des devoirs dont l'abandon équivaut à une abdication. Plus l'influence morale du chef de l'Etat sera grande, plus il se maintiendra facilement dans le cercle des droits et des devoirs de sa charge et plus aussi son action se fera sentir utilement. Sans empiéter sur les attributions des ministres, il pourra, grâce à cette influence, maintenir, même dans les moments de crise, une certaine unité dans la direction des affaires, empêcher qu'un remaniement ou un changement ministériel soit le signal nécessaire d'un bouleversement de toutes les branches de l'administration et tempérer la rigueur des épurations de personnel que les ministres de ces dernières années ont habitué le parlement à réclamer de chacun d'eux comme une sorte de don de joyeux avénement. Un président élu aura, s'il veut en user, plus d'autorité et de pouvoir, mais moins d'influence morale qu'un souverain préparé par des traditions de famille et une éducation spéciale au rôle auquel il est destiné. Il sera facilement amené, soit à n'exercer aucune action et à se désintéresser de toutes choses, soit, et ce sera plus grave, à exercer une action prépondérante et à sortir de son rôle. L'usurpation d'un pouvoir inconstitutionnel par un chef élu d'une république est un péril toujours menaçant, et cela pour plusieurs raisons. S'il aime le pouvoir et s'il a peu de scrupules, le Président de la République sera tenté, pour conserver au delà du terme ses fonctions temporaires, de se mettre au-dessus de la constitution. Rien ne lui sera plus facile que de céder à cette tentation et de réaliser ce désir. Etant l'élu de la nation, il se sentira soutenu, même dans ses aspirations vers un pouvoir illégal, par l'investiture qu'il tient de la souveraineté nationale et se persuadera sans peine que les suffrages qui l'ont nommé ratifieront l'usurpation qu'il rêve. Le plus souvent

cette conviction ne sera pas déçue. La république a le grand tort d'être une abstraction; or, le suffrage universel comprend mal et aime peu les abstractions. Dans un pays centralisé comme la France, la masse de la nation se montrera facilement disposée à incarner dans un homme cette abstraction qui la déconcerte. Qu'un ambitieux se rencontre pour profiter de cette tendance, et le pays, cela paraît probable, ne lui marchandera pas sa confiance. Dans les moments de crise et de malaise, après des excès démagogiques ou des violences révolutionnaires, l'ambitieux qui voudra devenir dictateur sera poussé par le sentiment public à l'usurpation et croira remplir un devoir en violant la constitution. Le premier et le second empire ne se sont pas établis autrement.

Si donc il est utile, s'il est avantageux pour les destinées du pays et le bien de tous, qu'un homme ou une famille soient mis en dehors de la loi commune de l'égalité, et si, au nom seul du respect d'un mot et d'une formule, ou repousse une dérogation bienfaisante à la rigueur d'un principe, je me révolte contre la tyrannie des formules dont on veut faire des dogmes; je refuse de m'incliner devant l'autorité de ces dogmes, et j'entends, en face des sectaires fanatiques que la foi démocratique rend aveugles, conserver ma liberté de penser.

On dit ensuite, et c'est l'argument principal en faveur de la république, que cette forme de gouvernement est plus souple, et, à raison de cette souplesse, plus stable que ne le serait un gouvernement monarchique. Est-il bien certain que cette souplesse et cette stabilité constituent un avantage en faveur de la république au double point de vue de la garantie de l'ordre et de la facilité de donner à l'intérêt public les satisfactions légitimes qu'il peut réclamer? Sans doute, il est utile, il est nécessaire qu'une constitution politique se prête à des réformes. Cela est nécessaire aujourd'hui plus qu'à toute autre époque. Nous sommes en effet, non-seulement en France, mais dans tous les pays de l'Europe, en face de redoutables problêmes politiques et sociaux dont l'examen s'impose à l'attention des gouvernements. Une femme d'esprit disait, en parlant de l'état de la société française et des difficultés de la situation présente. « L'enfant a grandi, il faut lui trouver des vêtements à sa taille. » L'observation est juste, seulement on peut répondre que la question est de savoir s'il faut changer la forme des anciens vêtements, ou simplement les adapter, en conservant la forme ancienne, à la taille nouvelle et aux besoins nouveaux de l'enfant. Il est certain que l'établissement des chemins de fer, des télégraphes, la rapidité et la facilité toute nouvelle des relations entre les différentes fractions d'un peuple et aussi entre les différents peuples, ont modifié les conditions d'existence sociale. Le développement des idées démocratiques et, en France, le suffrage universel ont modifié plus profondément encore les conditions d'existence politique. De là, très certainement, la nécessité de réformes auxquelles un gouvernement, quel qu'il soit, doit pouvoir se prêter. Peut-être, cependant, les difficultés sociales et politiques qui se dressent en face des sociétés modernes seraient-elles moins graves, moins aiguës et moins inquiétantes si l'on n'inclinait pas autant vers les solutions radicales, si l'on avait moins de tendance à faire table rase des institutions qui ont présidé jusqu'à ce jour au développement et à la prospérité de tous les états civilisés. Ne serait-il pas sage de chercher dans l'amélioration et non dans la destruction de ce qui existe une organisation conforme aux vœux légitimes et aux besoins nouveaux du pays ? Est-il bien sûr que les conditions matérielles d'existence d'un peuple venant à changer par l'effet de découvertes scientifiques ou de modifications économiques, il faille nécessairement répudier toutes les traditions du passé et

reconstituer la société sur des bases entièrement nouvelles?
Une pareille théorie ressemble, si l'on veut nous permettre
cette comparaison, à celle des adeptes d'une certaine école
musicale, qui fait consister le progrès dans la destruction
de tous les procédés et de toutes les règles de composition
d'après lesquelles ont été faites les grandes œuvres du
passé. Parce que des découvertes scientifiques ou des
innovations dans les vieilles règles de l'harmonie ont mis à
la disposition des compositeurs des instruments nouveaux,
perfectionnés ou plus puissants et des formules harmoniques
que ne connaissaient pas leurs devanciers, il faut, dit-on
que l'art musical subisse une rénovation complète; de
même il faut aux sociétés modernes une organisation
entièrement renouvelée. Ainsi parlent des réformateurs
orgueilleux ou fanatiques, encouragés et suivis par la tourbe
des impuissants et des médiocres, qui cherchent dans l'étonne-
ment de la foule une notoriété qu'ils ne pourraient devoir à
une admiration raisonnée. Le bon sens condamne de telles
doctrines et les gens sages se demandent si la fureur des
réformes radicales n'est pas le plus sérieux obstacle au
véritable progrès.

L'aptitude du gouvernement à se prêter aux réformes ne
sera un avantage pour le bien public que si cette aptitude
facilite les réformes utiles, sans favoriser les transformations radicales et révolutionnaires. Si la supériorité de
la république à ce point de vue est de pouvoir, sans cesser
de porter son nom, subir toutes les transformations, se
prêter, sans en mourir, à toutes les fantaisies législatives,
même les plus funestes, et survivre à toutes les expériences,
jusques et y compris celle de l'anarchie, nous avouons ne
pas apprécier cette forme de la stabilité. Il est vrai que la
république anarchique sera encore la république ; mais de
ce qu'elle aura conservé son nom dans un état social qui est
la négation de l'ordre, nous demandons la permission de ne

pas conclure qu'elle est préférable à un gouvernement qui eût été inconciliable avec un état social désorganisé et que le triomphe de l'anarchie eût fait disparaître.

L'ordre, en effet, ne consiste pas dans l'absence de modification du nom du régime politique, mais dans le maintien et le respect d'un certain nombre d'institutions fondamentales et d'un ensemble de conditions nécessaires à l'existence des sociétés. Une même étiquette peut recouvrir des objets de valeurs très différentes. L'etiquette républicaine s'adapte merveilleusement aux états politiques les plus dissemblables. Il en résulte que le gouvernement républicain est sans force pour résister à des tendances qui, si elles compromettent la prospérité publique ne compromettent pas directement son existence, et c'est précisément dans cette indifférence en face des bouleversements que consiste le défaut capital de ce régime politique. Il donne sans doute ou peut donner l'illusion de la stabilité ; mais cela ne suffit pas, et, pour remplir la première obligation qui incombe à la république aussi bien qu'à tout autre gouvernement, il faut qu'il assure l'ordre véritable, c'est-à-dire le maintien et le respect des institutions nécessaires. Un grand homme d'État, dont le souvenir est aujourd'hui bien effacé, exprimait naguère cette idée avec une énergique concision en disant « La république sera conservatrice ou elle ne sera pas. » Or la république, nous allons essayer de le démontrer, ne peut pas être conservatrice.

Pour savoir quelles sont les destinées fatales d'un gouvernement et quel régime politique on peut attendre de lui, il faut examiner quels sont les tendances de ses amis les plus fervents, puis se demander si ces amis sont assez nombreux et assez influents sur la masse pour qu'il faille compter avec eux. Le plus grand des périls pour un gouvernement, quel qu'il soit, c'est d'être impuissant à résister à ses amis, et la première maxime d'un homme d'État devrait être la défiance à l'égard des amitiés passionnées. Malheureusement rien n'est plus rare que de voir pratiquer cette maxime, et il faut reconnaître qu'il est bien difficile, sinon impossible de résister à certains amis et à certains entraînements. Si ces amis sont remuants, si, par la nature de leurs idées et par le langage qu'ils tiennent, ils exercent une action sur la masse flottante qui raisonne peu et subit les influences, le gouvernement sera condamné à les suivre et se verra, si même il en avait la volonté, impuissant à lutter contre leurs tendances.

Or, dans le parti républicain, les conservateurs et les modérés sont le petit nombre, et, peut-être parce que ce sont des sages, le pays a une disposition singulière à douter de la sincérité de leur attachement à la république. Les avancés et les radicaux sont la fraction considérable du parti, et, aux yeux du plus grand nombre, ils sont les seuls interprètes fidèles de la vraie doctrine républicaine. Ils en sont eux-mêmes persuadés, et cela leur donne une grande force et une audace plus grande encore. Ils considèrent que la république est leur gouvernement, doit être leur chose, et que, quand elle résiste à une de leurs exigences, elle faillit à son devoir et à sa mission, qui sont, comme chacun sait, de régénérer le monde par un bouleversement général. Comme ils sont remuants, ils se donnent l'apparence d'être plus nombreux et plus forts qu'ils ne sont en réalité ; comme ils sont bruyants on les entend, et comme ils sont sans scrupules et ne se préoccupent que de parler un langage qui flatte les passions des masses, on les écoute. A force de leur entendre dire que la république est leur œuvre et qu'elle serait en péril si elle n'acceptait pas leurs idées et ne se laissait pas gouverner par leurs mains, le pays le croit à son tour. Là est le secret de leur influence toujours grandissante.

Les radicaux ont avec eux d'abord ceux qui approuvent

leurs doctrines ou sont trompés par leurs promesses ;
ceux-là sont l'avant-garde de leur armée, mais ce n'est pas
d'eux qu'ils reçoivent l'appui qui les conduit au pouvoir; s'ils
n'avaient pas d'autres troupes, ils seraient peu redoutables.
Malheureusement , et c'est ce qui fait leur force, l'instinct
conservateur du pays, qui est en réalité le grand inspirateur
même du suffrage universel, devient leur complice incon-
scient. Ce n'est pas que le sentiment général de la nation
soit favorable à une politique radicale et aux excès démagogiques. Une politique conservatrice plairait davantage au
plus grand nombre, mais l'esprit ou plutôt l'instinct conservateur du pays se manifeste surtout par la crainte du
changement; il soutient le gouvernement parce qu'il est le
gouvernement, et il donne bien des suffrages dans lesquels
ceux qui les obtiennent auraient tort de voir des témoi-
gnages d'approbation ou de sympathie. Il désire sans doute
l'ordre réel, mais à défaut d'ordre réel il se contente de
l'illusion de la stabilité. C'est pour cela que sous la république, le pays a peur de réagir contre les radicaux dont les
affirmations audacieuses le troublent et le déconcertent. On
lui a dit qu'un retour à des idées conservatrices mènerait au
renversement du gouvernement et, par suite, à une révolution. Il pourrait penser qu'il y a des révolutions nécessaires
et bienfaisantes, mais le propre des instincts est de ne pas
raisonner, et les instincts populaires ne raisonnent ni plus ni
mieux que les autres. « De lui-même, » c'est un ami du peuple
qui parle , « le peuple veut toujours le bien, mais il ne le
voit pas toujours. La volonté générale est toujours droite,
mais le jugement qui la guide n'est pas toujours éclairé. »
La masse du pays suit les radicaux parce qu'elle discerne
mal son véritable intérêt; elle les suit avec répugnance
peut-être, mais leur donne ce qu'ils veulent, l'autorité nécessaire pour imposer leur politique. Comment veut-on que dans
ces conditions le gouvernement de la république leur résiste ?

Ce que devient le pays sous la conduite de ces hommes, il est facile de le prévoir. Il est amené à descendre doucement d'abord, puis avec une rapidité qui augmente sans cesse, une pente au bas de laquelle est le chaos. Le jour où l'œuvre de désorganisation est complète, et où le pays a roulé au fond de l'abîme le réveil a lieu, mais il est trop tard et la nation meurtrie et épuisée appelle à grands cris à son secours un sauveur à qui elle vend sa liberté.

Pour que la République pût être conservatrice, il faudrait, comme on l'a dit, la concevoir et l'organiser sans les républicains, ou au moins sans le plus grand nombre des républicains. Cette conception est malheureusement irréalisable. Sans faire injure au suffrage universel, il est permis de dire qu'il est incapable de comprendre une abstraction aussi subtile, et tant qu'il verra le gouvernement s'appeler République, il votera pour ceux qu'il considère comme les vrais républicains. C'est pourquoi nous croyons que la République ne peut pas être conservatrice. La question est de savoir si, ne pouvant pas être conservatrice, elle sera ou ne sera pas, et quel régime la remplacera si elle cesse d'exister. Il est malheureusement à craindre que, si le sentiment public tarde à secouer sa torpeur et à réagir résolument contre l'œuvre qui se poursuit en France en ce moment, nous ne marchions à grands pas vers la dictature ou le césarisme, qui naissent fatalement de l'anarchie.

La république ne sera pas libérale par cela même qu'elle ne sera pas conservatrice et que le pouvoir sera aux mains des partisans des doctrines radicales. L'école démocratique radicale, qui professe la pure théorie jacobine dont nous avons déjà dit un mot, considère le libéralisme comme une arme de combat. C'est pour elle que semblent avoir été dites ces paroles de Lamennais : « Ne vous laissez pas tromper par de vaines paroles. Plusieurs chercheront à vous persuader que vous êtes vraiment libres parce qu'ils auront écrit sur une feuille de papier le mot de liberté et l'auront affiché à tous les carrefours. Gardez-vous de ceux qui disent : liberté! liberté et qui la détruisent par leurs œuvres. » L'école Jacobine écrit sur tous les murs le mot de liberté, mais elle n'aime la liberté que si elle en a besoin pour elle-même; elle ne l'aime pas pour les autres et dès qu'elle est au pouvoir, elle ne croit plus au mérite d'un libéralisme dont elle n'a pas besoin et dont elle ne profite pas. Elle a pour principe fondamental que le triomphe de ses doctrines est essentiel au progrès de l'humanité et peut-être aussi, ajoutent ses détracteurs, aux intérêts particuliers de ceux qui les professent ; donc tout ce qui est utile à la propagation de ses idées est légitime, et, en vertu de la formule commode: « La fin justifie les moyens,» un gouvernement sincèrement dévoué à la politique radicale ne peut hésiter à détruire et doit chercher par tous les moyens possibles à briser les résistances qui peuvent être un obstacle à la réalisation de ses désirs. Le libéralisme est nécessairement incompatible avec un pareil principe.

Ce n'est pas seulement la liberté politique que le gouvernement républicain ne donnera pas. Il restreindra d'abord, pour arriver à les supprimer ensuite, toutes les libertés nécessaires à la conservation des droits les plus précieux des individus et au développement de la prospérité publique, liberté de conscience, liberté du père de famille, liberté industrielle et commerciale, liberté des contrats privés. Le but à atteindre, c'est l'omnipotence de l'État, la substitution de l'initiative gouvernementale à l'initiative privée, même dans les matières pour lesquelles l'inaptitude de l'État est manifeste, l'intervention du pouvoir législatif ou exécutif dans la conclusion et l'exécution des contrats de droit privé, une organisation nationale étroitement réglementée de l'industrie, du travail, peut-être de la propriété. Quelle est la liberté dont le maintien est conciliable avec ce programme et ces tendances ? Toutes doivent nécessairement disparaître pour le plus grand bien de l'humanite. Les individus en pourront souffrir, mais le bien de l'humanité ne se confond pas, ainsi que quelques ignorants pourraient le croire, avec le bien et la satisfaction de ceux qui la composent.

Ainsi le gouvernement républicain ne peut-être ni conservateur ni libéral. D'autre part, tandis qu'il se laissera imposer ou s'attribuera de lui-même des fonctions qui ne lui appartiennent pas et des devoirs qui ne sont pas les siens, il est une obligation, la plus importante de toutes dans l'état actuel de l'Europe, que la nature de ces tendances l'empêchera certainement de remplir. Il ne conservera pas et sera impuissant à augmenter la force militaire de la France. L'organisation des grandes et fortes armées exige par dessus tout le respect de l'autorité, l'abdication des volontés individuelles devant la volonté de quelques-uns ; elle est incompatible avec ce besoin d'égalité mal entendue que les déclamations intéressées des démagogues mettent au cœur de tous. Il est une vérité qu'il faut dire. L'esprit démocratique, même raisonnable, tend à détruire l'esprit militaire. Faut-il voir dans cet effet fatal et incontestable du développement des idées démocratiques l'indice précurseur d'un âge heureux où les nations auront toutes désarmé et où l'ère des luttes sanglantes sera définitivement close. Souhaitons-le ; mais souhaitons en même temps, que l'esprit démocratique n'exerce sur l'esprit militaire en France son influence destructive que le plus lentement possible. Le jour où, en face de l'Europe encore armée, nous n'aurions plus que des milices nationales, c'en serait fait de la France ; et si l'avenir réserve aux générations futures le spectacle d'une union universelle des peuples, ce ne seraient pas nos enfants, mais les enfants d'une autre race qui le verraient sur le sol qui est aujourd'hui le nôtre. Or, tandis que les démocrates raisonnables et les démocrates de raison voient avec tristesse l'affaiblissement de l'esprit militaire qu'ils ne peuvent pas ne pas constater, et s'efforcent de le ralentir, les jacobins et les démocrates radicaux l'appellent de leurs vœux et cherchent à le hâter. Donc un gouvernement qui sera aux mains de ceux-ci ne pourra ni développer, ni conserver la force militaire du pays.

A un second point de vue le gouvernement républicain en France, dans l'état actuel de l'Europe, ne fera pas la nation forte. L'indépendance qu'il aura dans le choix des alliances et dont nous avons parlé comme d'un avantage théorique, lui procurera l'isolement. Il n'aura de sympathies ni d'affinités pour aucune famille régnante. Les souverains des pays voisins en auront moins encore pour lui et ne pouvant s'unir avec lui, s'uniront contre lui. A ce seul point de vue, le régime républicain est un obstacle au rétablissement de l'ancienne grandeur de la France et de l'influence perdue. Que ceux qui, en France, placent l'amour de la patrie au-dessus des préférences politiques réfléchissent à ces vérités.

Si la recherche abstraite des doctrines et des tendances du gouvernement républicain dans un grand pays centralisé et imbu des principes démocratiques conduit à des constatations peu favorables et peu en rapport avec l'excellence théorique de cette forme de gouvernement, l'examen des faits est loin de détruire ces constatations, mais en démontre au contraire la parfaite exactitude. Est-il vraiment besoin d'établir que l'expérience de la république en France donne à l'heure présente les plus attristants résultats? Est-il besoin même de dire que la république n'est ni conservatrice, ni libérale, qu'elle n'a pas développé la prospérité publique et qu'elle n'a pas reconquis en Europe la situation que le second empire nous a fait perdre. On peut différer d'opinion sur l'utilité des principes conservateurs et la nécessité d'institutions libérales ; on peut approuver les tendances de la politique jacobine, les concessions aux doctrines radicales et socialistes, trouver qu'il est légitime de donner aux uns la licence aux dépens des droits et de la liberté des autres ; on peut reconnaître au gouvernement le droit et le devoir de se substituer partout à l'initiative individuelle et d'intervenir pour imposer aux uns l'obligation de se soumettre aux revendications violentes des autres, au mépris des droits acquis et au détriment d'intérêts respectables. Mais personne assurément ne peut soutenir que le gouvernement est resté fidèle aux principes d'une politique sagement conservatrice et respectueuse de la liberté. Les pires doctrines socialistes trouvent le gouvernement sans énergie pour les combattre ; les pires excès démagogiques trouvent en lui un spectateur indifférent, inattentif à les réprimer, indulgent pour ceux qui les commettent, plus indulgent encore pour ceux qui les inspirent.

S'il fallait citer des exemples, on n'aurait que l'embarras de les choisir. Nous n'en voulons montrer qu'un seul, le plus récent, le plus déplorable et le plus inquiétant de tous, celui de la faiblesse humiliante dont un ministre de la guerre a donné le spectacle déshonorant. Pendant que des soldats étaient chargés, sous la conduite et la responsabilité de leurs chefs, de faire respecter la loi dans une région troublée, on a pu voir à la tribune du parlement, le chef de notre armée, pour plaire aux fauteurs des désordres qui avaient nécessité l'intervention de ces soldats, évoquer, aux applaudissements de l'extrême gauche, le tableau édifiant des défenseurs de la loi fraternisant avec ceux qui la violent. Quand un ministre de la guerre oublie à ce point ses devoirs, la discipline militaire et le respect de la loi sont bien gravement compromis.

Les hommes qui sont au pouvoir ont-ils du moins souci de

respecter la liberté de ceux qui ne pensent pas comme eux?
Ils ont cessé de prétendre même à l'apparence du libéralisme, et la théorie de l'omnipotence nécessaire de l'État
tend à devenir de plus en plus le principe de la politique
républicaine. Quelle est la liberté qui, aujourd'hui, ne soit
pas atteinte? Quelle est celle dont on se soucie? Quand un
libéral sincère vient rappeler à ceux qui nous gouvernent
leurs revendications d'autrefois, la passion de décentrali-
sation qui les animait sous l'empire, c'est en vain qu'il les
adjure, au nom de leurs anciens principes, de respecter la
liberté des autres, c'est-à-dire la liberté, et de ne pas faire
ce qu'ils considéraient naguère comme un mal et une injus-
tice; quelle que soit son éloquence, quelqu'admirable que
soit son langage, il fait de nobles, mais stériles efforts,
et l'on sait comment il est écouté.

Il est une liberté qui devrait être respectée entre toutes,
c'est la liberté de conscience. Elle est particulièrement
atteinte, et l'on voit ce spectacle étrange d'hommes qui
s'intitulent libres penseurs refuser aux autres la liberté de
ne pas penser comme eux. Sous couleur de neutralité reli-
gieuse, ils traitent en adversaires ceux qui tiennent à des
croyances qui ne sont pas les leurs; ils traitent en ennemie
la religion elle-même, qui les irrite parce qu'elle n'est pas
leur œuvre et qu'elle reste debout malgré leurs attaques.
Ils la haïssent peut-être aussi parce qu'elle a produit dans le
monde une révolution sociale autrement féconde que celle
qu'ils rêvent. Ils ne peuvent pas ignorer que, longtemps
avant eux, elle a enseigné aux hommes que tous naissent
égaux et qu'ils doivent se traiter en frères ; à ce point de
vue la religion chrétienne est aussi démocratique que la
leur. Seulement elle ne s'est pas bornée à révéler aux hommes leurs droits, elle les a instruits en même temps qu'ils
ont des devoirs dont l'accomplissement est nécessaire à la
possession même et à l'exercice de leurs droits. Un grand

orateur, républicain sincère et libéral convaincu, M. Dufaure, parlant de cette idée du devoir enseignée par la religion chrétienne, disait, dans un magnifique langage : « La reli-« gion chrétienne a produit dans le monde la plus grande « révolution sociale qui jamais y ait éclaté. Elle a affranchi « le sujet de sa subordination aveugle et servile envers le « souverain, elle a relevé la femme de l'humiliation dans « laquelle elle vivait, elle a brisé les fers de l'esclave, elle « a égalé le pauvre au riche. Comment a-t-elle fait cela ? « Est-ce en parlant au sujet, à la femme, à l'esclave, au « pauvre de leurs droits ? Non ; c'est en parlant au souve-« rain, au chef de famille, au maître, au riche, à tous de leurs « devoirs. ». — Grandes et belles paroles qu'il faut opposer aux déclamations haineuses et bruyantes de ceux qui voient dans la religion chrétienne un obstacle au progrès des idées démocratiques. Insensés qui ne comprennent pas que jamais ils ne feront pour l'humanité souffrante ce qu'a fait pour elle cette religion détestée. Insensés aussi, qui s'imaginent que leurs chétifs efforts et leur pouvoir éphémère ébranle-ront l'édifice grandiose qui, depuis dix-huit siècles, est debout dans le monde entier.

Ainsi, la république est devenue en France, ce qu'elle devait devenir, elle n'a pas failli à sa destinée fatale ; si elle dure, elle continuera sa marche naturelle avec des temps d'arrêt, peut-être des retours momentanés en arrière, mais elle sera impuissante à constituer un gouvernement con-forme aux principes d'une politique modérée, conservatrice et libérale. On a pu voir, à la suite des élections dernières, comment la majorité républicaine est respecteuse du senti-ment public quand il lui est hostile, et comment elle a tenu compte de l'avertissement donné, au mois d'octobre 1885, par la minorité considérable qui s'est déclarée contre elle. Il existe sans doute des hommes, parmi lesquels il en est probablement de sincères et d'honnêtes, qui trouvent bonne la politique du gouvernement et n'aperçoivent pas où elle conduit. Il semble cependant que l'état actuel de l'industrie, du commerce et des finances, et la faiblesse de notre influence à l'extérieur permettent d'en apprécier les résultats. Il suffit d'ouvrir les yeux pour voir qu'elle a été néfaste à la prospérité publique et à la grandeur de la France, et que, malgré toutes les concessions faites aux doctrines radicales, elle n'a pas résolu un seul des problèmes sociaux qui sont, à l'heure actuelle, plus menaçants que jamais.

IV

Ce gouvernement sagement démocratique, conservateur et libéral que la république ne peut pas donner, la monarchie, si elle était restaurée, pourrait-elle l'établir ? Rendrait-elle au pays les biens dont il est privé ?

L'idée d'une restauration monarchique, est-il besoin de le dire, soulève des indignations violentes. La haine de la monarchie, il faut le reconnaître, est une passion répandue. Elle provient de causes diverses, de préjugés chez les uns, de préoccupations d'intérêt chez les autres. Pour justifier leur haine, tous déclarent qu'ils redoutent l'oppression. La cause vraie, qu'ils n'avouent pas, c'est la crainte de ne plus pouvoir opprimer les autres. Laissons donc de côté les indignations et les haines beaucoup moins dangereuses que bruyantes.

En dehors des aversions déclarées, l'idée d'une restauration monarchique soulève encore un certain nombre d'objections théoriques et d'appréhensions instinctives. Il faut examiner si ces appréhensions sont raisonnables, ou si au contraire la réflexion doit les détruire. Il faut se demander si les objections ne sont que théoriques ; dans ce cas, en effet, elles devraient être facilement mises de côté.

Les objections théoriques qu'on formule contre le gouvernement monarchique sont à peu près la contre-partie des considérations à l'aide desquelles on essaye de démontrer l'excellence du régime républicain. Elles se résument en définitive dans les critiques que voici :

L'hérédité des fonctions souveraines blesse le principe de l'égalité.

La monarchie a des traditions qui l'empêcheront d'accepter sincèrement l'état démocratique.

Enfin, on se demande comment il sera possible d'assurer la stabilité du régime monarchique ? Si le maintien de la forme du gouvernement dépend de la volonté de la nation, combien sera fragile une constitution qu'un caprice ou une heure de mécontentement pourront détruire. Si le régime monarchique est mis au-dessus des décisions du peuple, quelle atteinte portée au grand principe de la souveraineté nationale !

De ces trois objections la dernière seule est sérieuse et mérite d'être examinée. Quant aux deux autres, nous avons répondu tout-à-l'heure à la première et un mot suffira pour faire écarter la deuxième.

Alors même qu'il en aurait le désir, le gouvernement monarchique sera impuissant à réagir contre le courant des idées démocratiques. Il y a, nous l'avons dit, des courants qu'on ne remonte pas. L'état de notre législation, le morcellement définitivement opéré de la propriété foncière opposeraient des obstacles infranchissables à la restauration des privilèges de l'ancienne aristocratie française. La redouter, c'est se préoccuper d'un péril imaginaire. L'impossible ne peut pas être un danger. Si la monarchie était restaurée, on la verrait, dussent quelques-uns en être surpris et mécontents, faire appel à toutes les bonnes volontés, s'entourer de tous les hommes ayant une valeur personnelle qui se montreraient disposés à lui apporter un concours utile et se préoccuper fort peu de satisfaire toutes les petites vanités nobiliaires d'ancienne ou de fraîche date qui s'agiteraient autour d'elle. Ce qui serait intéressant, ce serait de rechercher quelle est, au moins chez quelques-uns, la préoccupation qui se dissimule sous l'apparence de l'amour des principes démocratiques Le second Empire et la République ont vu éclore une aristocratie particulière, aristocratie sans privilèges légaux, mais jalouse de ses prérogatives et de son influence, et fière du rang qu'elle a conquis ; on l'appelle l'aristocratie de l'argent. C'est peut-être parmi quelques-uns des membres de cette aristocratie nouvelle qu'est le plus affichée l'appréhension d'un retour aux traditions aristocratiques de l'ancienne monarchie. Si l'on scrutait le fond de leurs âmes on y découvrirait sans peine, non pas l'attachement aux idées démocratiques et le culte de l'égalité, mais la crainte de ne plus occuper sous la monarchie la place élevée qu'ils se sont faite sur les débris de l'ancienne aristocratie détrônée.

Reste l'objection dernière, qui est plus embarrassante. Comment assurer la stabilité du régime monarchique? Nous avouons sans hésiter qu'entre les deux inconvénients, celui de l'instabilité de la forme du gouvernement et celui d'une atteinte porté au principe de la souveraineté nationale, le deuxième nous semble le moins grave. Si l'existence de la monarchie est à la discrétion des volontés capricieuses du peuple, il arrivera de deux choses l'une : ou bien le gouvernement ne respectera pas l'indépendance du suffrage et cherchera par tous les moyens possibles à en faire un instrument docile, au grand dommage de la liberté ; ou il sera faible et se verra entraîné à des concessions compromettantes pour lui-même et dangereuses pour l'ordre qu'il a mission de sauvegarder. Il est donc nécessaire pour le bien public et pour le fonctionnement régulier d'un gouvernement monarchique libéral que le maintien de la forme du gouvernemen! ne dépende pas d'un vote des parlements.

Il est bien entendu que, pour rétablir aujourd'hui la monarchie, il faut un acte de la souveraineté nationale. Un gouvernement qui se fonde illégalement et s'impose par la force est marqué d'une tache originelle ; il ne peut être que faible ou despotique. La monarchie traditionnelle, si elle est rétablie en France, ne le sera, personne n'en doute, que par les voies légales et régulières. Mais il faudrait qu'elle ne dût à la volonté de la nation que sa restauration et qu'elle puisât dans un autre principe sa raison d'être, son origine et son droit de se maintenir. La souveraineté nationale ne serait pas pour cela détruite; elle exercerait toujours sur la conduite du gouvernement une action décisive et un contrôle absolu, elle réglerait à son gré les droits, les pouvoirs et les conditions d'existence de la monarchie ; mais il ne dépendrait pas d'elle de la renverser sans motifs. Le gouvernement et le pays seraient l'un vis-à-vis de l'autre dans la situation de deux personnes liées par un contrat. En dehors des liens du contrat, chacun aurait ses droits propres auxquels il ne pourrait être porté atteinte, chacun serait indépendant de l'autre. Les droits propres de la monarchie seraient, d'ailleurs, peu nombreux et se réduiraient au droit de vivre à la condition de respecter la constitution; son indépendance consisterait à ne pas voir son existence soumise au caprice d'une majorité. Sauf cette restriction, le pays aurait tous les pouvoirs et jouirait d'une indépendance souveraine ; lui seul réglerait les conditions du contrat, seul il aurait le droit à toute époque de les modifier selon ses désirs. Enfin l'existence du gouvernement n'échapperait pas d'une façon absolue à son pouvoir. Si la monarchie tentait un jour de se mettre au-dessus de la constitution, la violation commise par elle du contrat qu'elle est tenue de respecter serait une cause de déchéance dont il appartiendrait au pays de se prévaloir.

La difficulté, c'est de trouver le principe à substituer à celui de la souveraineté nationale pour en faire la base de la

monarchie. Il ne saurait être question de restaurer la vieille
idée du droit divin qui a servi de point d'appui à l'autorité
royale pendant les siècles passés. Dans notre société mo-
derne cette idée ne serait plus acceptée et soulèverait des
révoltes qu'il serait imprudent de provoquer. On pourrait
chercher cette base nécessaire dans le contrat même dont
nous venons de parler. Un peu de réflexion démontre qu'on
ne l'y trouverait pas. En effet le contrat qui règle la constitution monarchique n'est en réalité qu'un acte de la nation
agissant dans la plénitude de son indépendance et de ses
droits; c'est la nation qui en fixe les clauses. Elle peut
déclarer sans doute que l'existence de la monarchie ne sera
jamais mise en question, sauf dans certains cas et pour des
causes déterminées. Mais cette constitution, qui émane d'elle,
comment lui interdire de la modifier? Comment l'empêcher
de supprimer des garanties qu'elle a données! La volonté
du peuple, si elle est souveraine, ne peut s'imposer des
chaînes pour l'avenir. Donc, dire que la monarchie tirera
ses droits du contrat fait avec le pays, ce n'est pas résoudre
la difficulté, car cela équivaut à dire qu'elle les tirera de
la souveraineté nationale.

A notre avis, on pourrait se contenter de déclarer que
l'existence de la monarchie ne doit pas dépendre de la
souveraineté du peuple, parce qu'il est utile qu'elle n'en
dépende pas. L'utile est en politique, nous l'avons dit et
nous le répétons encore, une raison qui devrait être décisive. Cependant si l'on tient à trouver un principe constitutif
des droits propres de la monarchie, il en est un qui pourrait
être proposé; c'est celui de la tradition dans laquelle on
peut voir une sorte de prescription aquisitive des fonctions
souveraines. Personne aujourd'hui ne conteste que la
restauration de la monarchie en France ne pourrait se faire
qu'au profit du descendant légitime des rois de France,
investi par la tradition héréditaire d'un droit qui n'appartient

qu'à lui. Pourquoi ne pas admettre une application plus
étendue du même principe, qui deviendrait ainsi la base de
la monarchie traditionnelle restaurée ?

Ainsi constitué le régime monarchique aurait sur le régime
républicain des avantages réels qui doivent faire écarter
sans scrupules les objections théoriques. Il est le seul qui
puisse donner à la France des institutions politiques conservatrices et libérales lui permettant de retrouver la force et la
prospérité perdues.

La monarchie sera conservatrice et assurera l'ordre. Elle
sera nécessairement l'ennemie du désordre. Les fauteurs de
trouble étant ses adversaires irréconciliables, elle ne sera
pas entraînée à des faiblesses compromettantes pour des
revendications funestes au véritable intérêt public. Ainsi les
institutions fondamentales qui sont la base de toute organisation sociale trouveront en elle une protectrice vigilante.
Il en résultera que l'esprit conservateur de la nation, au
lieu d'être dévoyé, se manifestera au profit d'une politique
vraiment conservatrice, et l'on ne verra plus les partisans
des doctrines radicales obtenir des suffrages en se dissi-
mulant sous l'apparence trompeuse de défenseurs du
gouvernement établi. Réduit à son influence propre, le parti
avancé n'aura plus dans les parlements la place qu'il y a
conquise sous la république, et l'on peut espérer que les
institutions nécessaires au maintien de l'ordre social seront
moins souvent menacées. Peut-être alors s'apercevra-t-on que
ceux qui cherchent dans le bouleversement de toutes choses
un remède aux maux de l'humanité, irritent ces maux sans les
guérir et que le seul moyen de les atténuer, c'est de favoriser
par une sage politique le développement de la prospérité
publique.

En parlant de sage politique et de politique conservatrice,
nous n'entendons parler ni d'une politique rétrograde, ni
d'une politique hostile à toute modification. « Si en toutes

choses nous nous conformions à l'usage, la poussière des
vieux temps ne serait jamais balayée et l'erreur amoncelée
s'élèverait trop pour permettre à la vérité de se faire jour »
Ainsi parle Shakespeare par la bouche de Coriolan et il
exprime en poète, sous une forme saisissante, une grande
pensée d'homme d'État. Il faut donc que la monarchie ne
soit un obstacle ni aux réformes, ni aux changements. Si des
réformes sont nécessaires ou si des changements politiques
s'imposent, elle en devra prendre résolument l'initiative.
Ainsi elle se conformera aux principes réguliers du gouvernement constitutionnel et se prêtera, sans qu'il en résulte
ni trouble ni péril, au libre jeu des institutions parlemen-
taires. Beaucoup mieux que la république, elle se prête au
fonctionnement normal du gouvernement représentatif.
N'appartenant pas à une coterie despotique et exclusive elle
peut être indifférente aux changements. Elle s'efforcera seulement d'empêcher que les réformes ne soient trop radicales
ou les changements de politique trop brusques, mais elle les
laissera s'accomplir pourvu que la constitution de l'État,
dont elle sera la gardienne respectueuse, et les lois éter-
nelles qui président à la conservation des sociétés ne
soient pas mises en péril. La monarchie sera la clef de voûte
d'un édifice ayant pour assises les institutions nécessaires
au maintien de l'ordre. Sous les voûtes de l'édifice toutes
les modifications nécessaires, toutes les améliorations utiles
se feront sans secousse dangereuse. Au-dessous d'elle les
partis pourront s'agiter librement, toutes les opinions, toutes
les tendances politiques seront en présence et le pouvoir
appartiendra tour à tour à ceux à qui le pays le donnera.
A la seule condition que les assises de l'édifice ne soient pas
ébranlées, la clef de voûte assistera impassible et indifférente
aux agitations qui se produiront au-dessous d'elle. Mais elle
fera respecter les colonnes qui la soutiennent et, en le

faisant, elle écartera le danger d'un effondrement général
dont les premières victimes seraient ceux que la voûte
abrite, c'est-à-dire la nation.

Il est vrai que, conformément aux principes constitu-
tionnels, le chef de l'État, sous la monarchie, comme sous la
république, étant irresponsable, sera nécessairement sans
pouvoir effectif. Comment donc concevoir qu'il puisse
exercer une action sur la politique du gouvernement et
préserver une institution quelconque de la destruction et de
la ruine ? A défaut de pouvoir, à défaut d'autorité directe
sur les ministres, qui ne seront en effet responsables que
devant les assemblées élues, il exercera dans les conseils du
gouvernement et sur le pays une influence morale salutaire.
Il maintiendra tout au moins dans la politique intérieure
une certaine unité de direction ; il assurera dans les services
administratifs des traditions en s'efforçant d'empêcher les
réformes hâtives, les modifications trop brusques et les
mesures imprévoyantes. Il est permis d'espérer que le
maintien de cette unité de direction dans les services
publics aura pour effet d'assurer une administration plus
prudente de nos finances et de reconstituer une organisation militaire plus forte et moins souvent modifiée.

Le grand malheur de la république c'est que personne
n'est intéressé à envisager les conséquences de ses actes pour
l'avenir du pays. Elle s'incarne dans des ministres éphé-
mères, qui ne se préoccupent que d'écarter les périls rap-
prochés et les difficultés menaçantes. Pourvu qu'un cabinet
ait devant lui quelques mois de sécurité intérieure et extérieure, il est sans préoccupations, car il est sûr que le
calme durera au moins autant que lui. C'est là l'explication
de cette politique à courte vue, qui est celle des hommes
d'état de la République.

La monarchie est tenue à une prévoyance moins étroite.
Son sort est lié à celui de la prospérité publique, et la gran-

deur de la monarchie est identifiée à la grandeur de la
France. Le mauvais état des finances, le malaise de l'industrie et du commerce sont pour le gouvernement des
causes d'affaiblissement. Il s'attachera à éviter tout ce qui,
même pour une époque lointaine, pourrait amener ces
résultats. Il s'attachera plus encore à faire la France forte,
car le plus grand péril d'une monarchie est d'être sans force
en face d'une invasion triomphante. Loin donc de hâter la
destruction de l'esprit militaire, conséquence de l'état
démocratique, il s'efforcera de le relever. Il s'efforcera
aussi de ne pas laisser la France dans l'isolement inquiétant
qu'elle doit à la politique républicaine. Dans l'état actuel de
l'Europe, la monarchie sera mieux que la république en
situation de se créer des alliances ; c'est là une considéra-
tion sérieuse que l'on devrait méditer.

Pense-t-on que, sous la monarchie, des usurpations de
pouvoir soient à craindre. Si la constitution est bien faite,
elles ne seront pas possibles et l'intérêt du souverain ne le
poussera jamais à tenter d'en commettre. La constitution
étant précisément la garantie du maintien de ses droits, le
péril pour lui serait de ne la point respecter. S'il y portait
atteinte il s'exposerait sans profit aucun à voir prononcer
sa déchéance.

Enfin le plus grand mérite à nos yeux du régime monarchique, c'est qu'il peut-être et qu'il sera libéral, tandis que
le régime républicain ne le sera jamais. Ceux qui aiment la
liberté doivent désirer la monarchie ; elle leur donnera la
liberté qu'ils aiment, non pas la liberté qui résulte de la
faiblesse en face de la violence, des illégalités et du désordre, mais la vraie liberté, celle qui consiste dans le respect
des droits légitimes de ses adversaires aussi bien que de ses
amis. Elle la donnera parce qu'elle sera suffisamment forte
pour la donner sans danger La liberté ne peut exister que
sous un gouvernement fort, soucieux du maintien d'une

autorité nécessaire et inébranlable dans sa fermeté contre les excès, d'où qu'ils viennent. Sous un gouvernement faible ou indulgent aux violences illégales, elle cesse d'être la liberté pour devenir la licence, c'est-à-dire la pire forme d'oppression. Pour qu'elle soit sans péril, il faut que le gouvernement qui la donne soit sans faiblesse; il faut qu'elle ne puisse pas franchir la limite qui lui est imposée par l'obligation de respecter le droit d'autrui; il faut qu'on sache que l'abus de la liberté ne trouvera jamais dans le pouvoir un spectateur inattentif, impuissant ou volontairement aveugle.

A côté de tous ces avantages, il y aura, cependant, pour la monarchie un écueil, redoutable sous tous les régimes, celui contre lequel les hommes d'État doivent le plus résolument se mettre en garde, celui contre lequel les gouvernements viennent le plus souvent se briser. Cet écueil consiste dans les exigences et les ardeurs des amis trop ardents.

Il faudra que la monarchie sache résister aux sollicitations de certains monarchistes enclins à des mesures de réaction et leur impose la modération. A ceux qui diront: « La République a fait ceci ; nous pouvons le faire à notre tour, » le gouvernement devra répondre : « Ne faisons que ce qui est juste et sage ; réglons notre conduite en considérant non ce qu'ont fait nos devanciers, mais ce qu'ils auraient dû faire. Si une atteinte a été portée à un principe nécessaire, ne cherchons pas à réparer les conséquences de la faute commise en en commettant une semblable, mais efforçons-nous de restaurer le principe atteint en le respectant et non pas en l'ébranlant de nouveau. » Tandis que la république subit nécessairement le despotisme de ses amis, la monarchie pourra, croyons-nous, s'affranchir de la tutelle des siens. Elle pourra leur résister, parce qu'ils seront trop peu nombreux et trop peu écoutés par le pays pour qu'il soit possible de gouverner avec leur seul concours. Le petit nombre de ses partisans est un des plus précieux avantages qu'aurait une monarchie restaurée. Qu'on ne voit pas dans cette affirmation un paradoxe mais bien une vérité très certaine. Par suite de la faiblesse numérique de ses fidèles, le gouvernement monarchique devra chercher des appuis parmi ceux qui l'auront accueillie sans enthousiasme ou même avec défiance ; il évitera par suite le péril d'une réaction sans mesure et se rendra compte qu'une politique loyalement libérale, respectueuse de toutes les aspirations compatibles avec le maitien de l'ordre social est la seule qui puisse être pratiquée.

V

La conclusion de cette étude se dégage d'elle-même. La France s'accommodera-t-elle définitivement d'un régime qui ne lui donne ni l'ordre, ni la liberté, ni la force, ni la prospérité. Par esprit conservateur, par désir de respecter le gouvernement établi, laissera-t-elle violer toutes les règles d'une politique vraiment conservatrice et détruire les institutions qui sont la garantie des droits naturels des individus et en même temps de l'existence des sociétés ? Continuera-t-elle à subir le joug de plus en plus lourd que font peser sur elle les hommes qui se disent ses représentants. Qu'elle y prenne garde ! Aujourd'hui c'est son âme même qu'on veut asservir en façonnant, selon les principes de la doctrine jacobine, l'esprit et le cœur de la génération qui va grandir. Si elle aime la liberté, qu'elle se hâte d'arrêter dans leur œuvre des hommes qui ne respectent même plus le droit que tout homme tient de la nature de confier à qui lui plaît le soin d'instruire ses enfants et de former à son gré leurs mœurs. Il est temps que l'instinct de la conservation se réveille ; il faut que le pays s'affranchisse des influences qui ont obscurci sa raison, et, reprenant possession de lui-même, qu'il indique nettement ce qu'il veut. S'il est vrai, comme le dit Pascal, que les hommes n'aiment naturellement que ce qui leur est avantageux, la France, rendue à elle-même, devra comprendre la nécessité de chercher le salut dans le retour à la monarchie traditionnelle. Seule la monarchie pourra constituer un régime à la fois démocratique, conservateur et libéral. Elle ne résoudra, sans doute, ni toutes les difficultés, ni tous les problèmes, mais, si elle rend au pays la force et la prospérité, elle atténuera ainsi les maux inhérents à la condition humaine, ce qui est encore le moyen le plus efficace de diminuer, sinon de supprimer les difficultés sociales. Il appartient au pays de choisir entre les deux régimes politiques que peuvent lui donner la monarchie et la république. Voudra-t-il assez résolûment une politique conservatrice et libérale pour la demander à la monarchie? Descendra-t-il, au contraire, la pente qui le conduit à la désorganisation, puis au despotisme?

L'avenir nous l'apprendra.

Lille Imp. L. Danel.

www.ingramcontent.com/pod-product-compliance
Lightning Source LLC
Chambersburg PA
CBHW060744280326
41934CB00010B/2344